"이 책이 당신의 하루에 단단한 쉼이 되기를…"

2025.7   조안쌤 드림

고전 필사로 채워지는 하루

고전 필사로 채워지는 하루

초판 1쇄 인쇄 2025년 7월 22일
초판 1쇄 발행 2025년 7월 29일

지은이   김정미(조안쌤)
사진   황인숙

펴낸이   곽철식

영업기획   박미애
디자인   임경선

펴낸곳   다온북스
출판등록   2011년 8월 18일 제311-2011-44호
주소   경기도 고양시 덕양구 향동동 391 DMC플렉스데시앙 KA 1504호
전화   02-332-4972
팩스   02-332-4872
전자우편   daonb@naver.com

ISBN 979-11-93035-87-0 (03400)

- 이 책은 저작권법에 따라 보호를 받는 저작물이므로 무단전재와 복제를 금하며, 이 책 내용의 전부 또는 일부를 사용하려면 반드시 저작권자와 다온북스의 서면 동의를 받아야 합니다.
- 잘못되거나 파손된 책은 구입한 서점에서 교환해 드립니다.

메시지만으로도 위로가 되는 명언의 힘

고전 필사로 채워지는 하루

김정미(조안쌤) 지음

나의 하루를 깨우는 고전의 울림

삶이라는 이름의 여행길 위에서 우리는 수많은 풍경과 마주합니다. 때로는 눈부신 햇살 아래를 걷기도 하고, 먹구름 드리운 길 위에서 주저앉기도 합니다. 길을 잃은 듯 막막하거나, 마음 한 구석이 텅 비어버린 듯 쓸쓸할 때면, 저는 언제나 제 삶의 가장 든든한 '선생님'을 찾아갑니다. 그는 시간의 강을 건너 우리에게 다가온 인류의 지혜, '고전'입니다. 고전은 말없이 제 손을 잡아주며, 내면의 울림을 깨우는 고요한 음악이 되고, 혼란 속에서 흔들리지 않는 뿌리가 되어 줍니다.

   한 글자 한 글자 정성껏 따라 쓰다 보면 단순히 눈으로 읽을 때와는 다른 깊은 깨달음이 찾아옵니다. 손끝으로 고전의 문장을 느끼고, 그 문장이 담고 있는 의미를 온전히 내 것으로 만드는 과정은 놀랍도록 강력한 힘을 발휘합니다. 필사는 생각을 정리하고 집중력을 높이는 것은 물론, 마음을 차분하게 가라앉히고 내면의 소리에 귀 기울이게 하는 명상과도 같습니다. 빠르게 흘러가는 세상 속에 잠시 멈춰 서서, 나 자신과 고전이 속삭이는 지혜에 집중할 수 있게 합니다.

   『고전 필사로 채워지는 하루』는 하루 한 문장, 고전 속 지혜를 필사하며 나 자신을 돌아보고 단단하게 가꾸어 나가는 100일간의 여정입니다. 지난 1탄 『괜찮아, 충분히 잘하고 있어』가 자신을 격려하는 시간이었다면, 이번 2탄 『고전 필사로 채워지는 하루』에서는 더욱 깊이 있는 성찰을 통해 '나답게' 살아갈 힘을 길러보고자 합니다.

이 책은 우리가 살아가면서 반드시 지녀야 할 다섯 가지 중요한 덕목을 중심으로 구성되었습니다.

제1장 꿈-미래를 여는 비전: 막연한 현실 속에서 빛나는 꿈을 발견하고, 그것을 향해 나아갈 용기를 얻습니다.

제2장 용기-도전의 힘: 두려움에 맞서 당당히 걸어갈 수 있는 내면의 힘을 길러줍니다.

제3장 사랑-마음의 연결: 자신을 사랑하고 타인과 깊이 연결되는 진정한 사랑의 의미를 깨닫습니다.

제4장 나눔-함께 하는 기쁨: 나의 것을 나누고 더불어 살아가는 삶의 풍요로움을 경험합니다.

제5장 겸손-성장의 미덕: 끊임없이 배우고 성장하며, 삶의 지혜를 겸허히 받아들이는 자세를 배웁니다.

고전을 필사하는 방법은 매우 간단합니다. 고전 명언을 그저 똑같이 따라 써보는 것도 좋고, 그 문장에서 떠오르는 자신만의 생각과 문장을 덧붙여보는 것도 좋습니다. 매일 제시되는 사진과 나래이션은 명언의 내용을 더욱 깊이 새기고, 오롯이 자신의 것으로 만들 수 있도록 이끌어 줄 것입니다.

이 책과 함께 하는 100일의 시간이 독자 여러분의 삶에도 깊은 통찰과 성장의 씨앗이 되기를 진심으로 바래봅니다. 고맙습니다.

2025년 7월 조안쌤

차 례

prologue · 004

제1장: 꿈―미래를 여는 비전 · 010
Day1-Day20

제2장: 용기―도전의 힘 · 052
Day21-Day40

제3장: 사랑―마음의 연결 · 094
Day41-Day60

제4장: 나눔―함께하는 기쁨 · 136
Day61-Day80

제5장: 겸손―성장의 미덕 · 178
Day81-Day100

epilogue · 220

이 책을 더 깊이 활용하는 방법

고전은 단지 읽는 것이 아니라,
손으로 새기고 마음으로 받아들이는 여정입니다.
이 필사 여정을 더욱 의미 있게 만들고 싶다면,
다음의 원칙을 따라 실천해 보세요.

✔ 하루 한 챕터만 필사하기!
- 너무 많이 하지 마세요. 하루 한 문장, 한 챕터에 집중하며 천천히 써 내려가는 것이 중요합니다.

✔ 필사 후 나의 생각과 감정, 떠오르는 긍정확언 적어보기
- 매일 소개되는 고전 문장을 통해 떠오른 느낌, 생각, 그리고 나에게 전하고 싶은 말을 메모해 보세요.
- 작은 문장이 나를 다독이는 긍정확언이 될 수 있습니다.

✔ 매일 하루 5분, 나와 대화하는 루틴 만들기
- 이 책은 단순한 필사집이 아닙니다
- 매일 5분, 글로 나를 마주하고 삶을 정돈하는 습관을 만들어 보세요

✔ 조안쌤과 함께하는 필사 루틴 챌린지
- 필사를 꾸준히 실천하고 싶다면, 아래 QR코드를 스캔해 함께 시작해 보세요
- 조안쌤이 함께 응원하며, 실천을 이어갈 수 있도록 돕겠습니다.
- 오늘의 한 줄이, 내일의 나를 바꾸는 시작이 될 수 있습니다'

[고전필사로 채워지는 하루] 필사 루틴 챌린지 참여하기

제1장

꿈—미래를 여는 비전

Day1-Day20

DAY 001

하고자 하는 목표를 달성하기 위해서는 먼저 '명확한 비전과 꿈을 설정하는 것'이 필수적이다. 꿈을 꾸는 행위 자체는 목표 설정의 첫 걸음이 된다.
꿈은 모든 가능성의 시작이다.
꿈이 있어야 계획을 세울 수 있다.
꿈을 꾸는 것은 결국 도전의 원동력이 되며 마침내 꿈은 현실이 된다.
"자, 당신의 꿈을 당당하게 적어보자"

"꿈을 이루기 위해서는 먼저 꿈을 꾸어야 한다"

― 앤드류 카네기

나의 꿈은 ＿＿＿＿＿ 이다.
나는 이것을 이루기 위해 매일 ＿＿＿＿＿ 을 한다.
나는 한다면 하는 사람이다.

DAY 002

꿈을 실현하기 위해서는 먼저 자신의 꿈을 명확히 인식하고, 그것을 스스로에게 선언하는 것이 중요하다. 자신의 꿈을 마음속으로만 간직하지 않고 말로 표현하고 선언함으로써, 그 꿈을 현실화하는 첫걸음을 내딛게 된다. 이는 자신에게 책임감을 부여하고 목표를 향한 의지를 다지는 과정이라 볼 수 있다. 나 자신에게는 물론 주변 사람들에게도 당신의 꿈을 선언해보라.
선언의 효과는 우리가 상상하는 그 이상이다.

"꿈을 이루기 위한 첫 번째 단계는 '꿈이 있다'고 말하는 것이다"
- 엘리너 루스벨트

나는 마음속에 그려진 나의 꿈을 큰소리로 선언할 수 있는 사람이다.

DAY 003

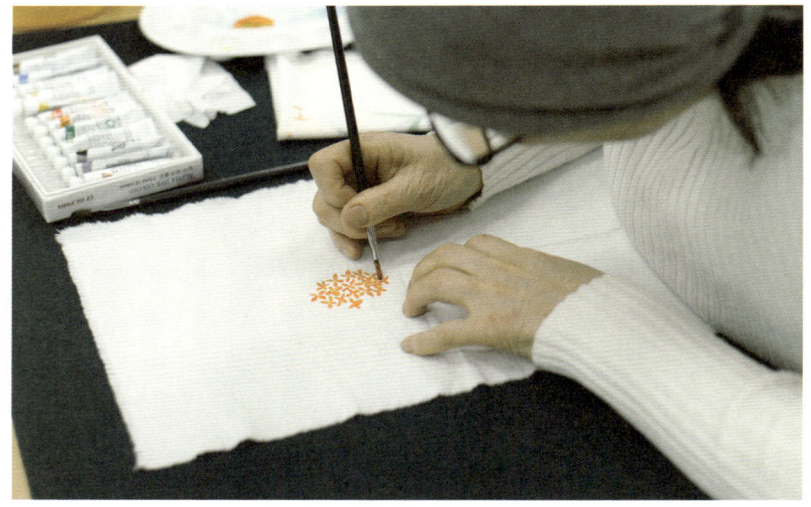

많은 사람들은 미래를 막연한 운명처럼 여기기도 하지만, 사실 미래는 정해진 것이 아니라 '오늘의 나가 만들어 가는 것이다.
오늘 내가 실천하는 작은 습관, 남을 돕는 따뜻한 행동, 새로운 도전을 향한 용기 있는 결정, 이 모든 것들이 쌓여 더 나은 내일로 이어진다.
지금 이 순간, 우리가 하는 일 하나하나가 결국 우리의 미래를 결정짓는다. 그러니 원하는 미래가 있다면 그것을 향해 지금, 여기에서 작은 실천을 시작하는 것이 중요하다.
작은 변화가 모여 큰 흐름이 되고, 결국 우리가 꿈꾸는 미래로 데려다줄 것이다.

"미래는 현재 우리가 무엇을 하는가에 달려 있다"

– 마하트마 간디

나는 미래의 내 모습을 그리며 행복한 미소를 지을 줄 아는 사람이다. 나는 확신한다. 나의 모습을!!

DAY 004

사람들은 '운명'이나 '하늘의 뜻'을 궁금해하지만, 정작 자기 자신이 어떤 삶을 원하는지? 무엇을 이루고 싶은지? 분명히 하지 않는 경우가 많다. 하지만 맹자는 말한다. "먼저 자신의 뜻을 세우라" 그것이 곧 하늘의 뜻을 깨닫는 길이라고.

꿈은 그냥 주어지는 것이 아니다. 내가 어떤 삶을 살고 싶은지, 무엇을 위해 나아갈 것인지 먼저 스스로 결정해야 한다. 그렇게 자신의 뜻을 세우고 한 걸음씩 나아갈 때 우리는 비로소 하늘의 뜻과 만나게 된다. 꿈을 향한 우리의 진심과 노력이 쌓이면, 마치 강물이 바다를 향해 흘러가듯 자연스럽게 우리의 길도 열리게 된다.

미래를 여는 비전은 스스로 세운 뜻에서 시작된다.

지금, 당신은 어떤 꿈을 꾸고 있는가?

"하늘의 뜻을 알고자 하는 자는 먼저 자신의 뜻을 세워야 한다"
― 맹자

나는 스스로의 의지와 노력 속에서 내 삶의 의미를 찾아갈 줄 아는 사람이다.

DAY 005

꿈은 단순한 바람이 아니라, 그것을 품고 지켜나가는 과정 속에서 현실이 된다. 우리는 종종 꿈을 꾸지만, 시간이 지나면서 현실의 벽 앞에 포기하거나 흔들릴 때가 많다. 그러나 꿈은 한 순간에 이루어지는 것이 아니라, 오랫동안 가슴속에 간직하고, 믿고, 행동하는 사람에게 비로소 그 문을 열어 준다. 마치 씨앗이 땅속에서 오랜 시간 뿌리를 내린 후 싹을 틔우는 것처럼, 꿈도 인내하고 키울 때에야 현실이 된다. 그러니 흔들리지 말고 조급해하지도 말며 매일 그 꿈을 향해 한 걸음씩 나아가 보자.

"꿈을 계속 간직하고 있으면 반드시 실현할 때가 온다"

— 괴테

간절한 마음을 담은 꿈이 현실로 이루어질 때까지 나는 '그 마음'을 꼭 쥐고 있다. 적절한 때에 반드시 꽃을 피울테니까.
나는 조급해하지 않고, 그 날을 기다릴 줄 아는 사람이다.

DAY 006

우리 삶에서 방향은 굉장히 중요하다. 때로는 길이 험하고 장애물이 많아도, 내가 가야할 곳이 분명하다면 우리는 포기하지 않는다. 넘어져도 다시 일어나고, 길이 보이지 않으면 새로운 길을 만들어 가면 된다. 목적이 있다는 것은 그만큼 강한 힘을 가진다는 뜻이다.

반면, 아무리 평탄한 길이라 해도 방향이 없다면 우리는 어디로 가야 할지 몰라 머뭇거리게 된다. 바람이 불면 쉽게 흔들리고, 작은 장애물에도 멈춰 서게 된다. 길이 중요한 것이 아니라, 내가 가고자 하는 목적이 더 중요한 것이다.

혹시 지금 가야 할 길이 너무 멀고 험난하게 느껴지는가?

그렇다면 다시 한 번, 내가 정말 원하는 것이 무엇인지, 어디를 향해 가고 싶은지 마음속에 그려보자. 길이 아니라 '꿈'이 당신을 앞으로 나아가게 할 것이다. 비전이 있는 한 당신은 반드시 길을 찾게 될 것이다.

"명확한 목적이 있는 사람은 가장 험난한 길에서조차도 앞으로 나아가고, 아무런 목적이 없는 사람은 가장 순탄한 길에서조차도 앞으로 나아가지 못한다"

– 토머스 카알라일

나에겐 나아가고자 하는 명확한 목적이 있기에 앞으로 나아갈 수 있다. 나는 지금 충분히 잘하고 있다.

DAY 007

<u>비전이란 단순한 기대나 희망이 아니라, 보이지 않는 가능성을 먼저 발견하고 믿는 힘을 말한다.</u> 때로는 내가 꿈꾸는 모습이 다른 사람들에게는 보이지 않을 수도 있다. 이해받지 못하거나 현실성이 없다도 여겨질 수도 있다. 하지만 비전이 있는 사람은 남들이 보지 못하는 길을 보고 남들이 상상하지 못하는 가능성을 믿는다.

마치 화가가 빈 캔버스를 보며 이미 완성된 그림을 떠올리듯, 비전을 가진 사람은 아직 이루어지지 않은 미래를 그려나간다. 그 비전이 현실이 되기까지는 시간이 걸리지만, 끝까지 믿고 나아간다면 결국 그 꿈은 세상에 모습을 드러내게 된다. 그러니 아직 보이지 않는다고 두려워하지 말자. 내가 보는 그 꿈이, 언젠가 현실이 될 테니까.

"비전은 다른 사람이 보지 못하는 것을 보는 예술이다"
— 조너선 스위프트

나는 내가 꿈꾸는 미래를 선명하게 그릴 수 있다. 보이지 않는 것을 믿고 나아가는 나의 용기를 나는 사랑한다.

DAY 008

꿈을 꾸는 것만으로는 아무것도 이루어지지 않고, 방향 없이 움직이는 것은 결국 헛수고가 될 수 있다. 아무리 멋진 꿈과 목표가 있어도 행동하지 않으면 그것은 그저 머릿속 상상에 불과하다. 반대로 분주하게 움직이지만 뚜렷한 목표 없이 행동한다면 시간만 흘러갈 뿐 원하는 결과를 얻기 어렵다. 진짜 중요한 것은 뚜렷한 비전을 가지고 실천하는 것이다. 꿈만 꾸는 것에서 멈추지 말고, 그 꿈을 향해 오늘 한 가지라도 실천해 보자

"행동 없는 비전은 단지 꿈일 뿐이고, 비전 없는 행동은 시간을 낭비하는 것이다"

– 조엘 바커

나는 의미 없는 바쁜 움직임이 아니라, 나의 비전을 향한 집중된 행동을 선택할 줄 아는 사람이다.

자신을 믿는 마음이 성공의 출발점이자 가장 중요한 요소이다.
우리가 어떤 목표를 세울 때, 가장 먼저 부딪히는 것은 외부의 장애물이 아니라 내 안의 의심과 두려움이다. 하지만 "나는 할 수 있다"는 믿음을 가지면 마음가짐도 달라지고 행동도 바뀌게 된다. '믿음'은 행동을 이끄는 강력한 힘이다. '믿음'이 반이라면, 나머지 반은 '행동'이다. 믿음이 있어도 행동하지 않으면 성공할 수 없다. 하지만 믿음이 있다면 행동을 시작할 용기를 얻고, 행동을 계속할 힘을 가질 수 있다. 당신이 할 수 있다고 믿는 순간, 이미 절반은 성공한 것이다. 이제 남은 것은 그 믿음으로 한 걸음씩 나아가는 것뿐이다.

"할 수 있다고 믿으면 이미 반은 성공한 것이다"

― 프랜시스 콰를스

나는 나의 가능성을 믿는다.

나는 오늘도 할 수 있다는 믿음으로 내 꿈을 향해 나아가고 있다.

나는 결국 내가 원하는 미래를 만들어 낼 사람이다.

DAY 010

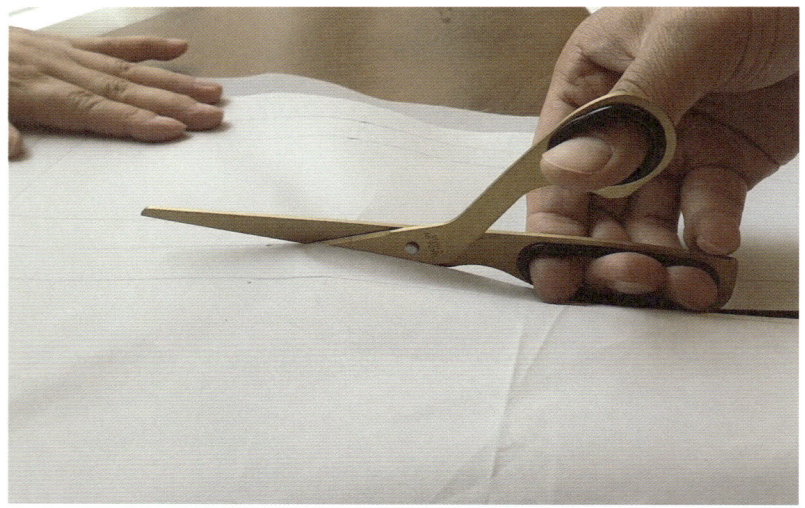

 많은 사람들이 성공을 꿈꾸지만, 그 과정에서의 어려움과 노력을 감수하는 것은 쉽지 않다. 목표를 향해 가는 길에는 반드시 노력해야 하는 순간, 포기하고 싶은 순간, 인내해야 하는 순간이 찾아온다. 하지만 그 순간을 견디고 땀을 흘린 사람만이 마침내 달콤한 성취의 순간을 맞이할 수 있다. 지금의 고된 과정이 없다면 성공의 기쁨도 존재하지 않는다. 성공의 달콤한 향기는 땀과 고통, 그 모든 불편함을 지나온 사람에게만 허락된다.

"성공의 달콤한 향기는 땀의 역한 냄새 뒤에 온다"

– 앤서니 힌크스

나는 노력의 가치를 알고, 땀 흘리는 과정조차도 소중히 여긴다. 지금의 어려움과 고된 시간이 결국 나를 더 단단하게 만들고 있음을 믿는다. 내 노력은 헛되지 않으며, 성공은 반드시 나의 것이 될 것임을 나는 아는 사람이다.

무지는 극복할 수 있지만, 자신감이 없다면 아무 것도 시도할 수 없다. 완벽하게 준비되지 않았어도, 두려워하지 않고 앞으로 나아가는 태도가 결국 인생에서 성공을 이루는 핵심 열쇠가 된다.

"인생에서 성공하기 위해서는 무지와 자신감이 필요하다"
— 마크트웨인

나는 무지를 두려워하지 않고, 자신감을 나의 힘으로 삼는다. 새로운 도전을 망설이지 않으며, 배움을 통해 성장한다. 내 가능성은 무한하기에, 나는 반드시 성공할 사람이다.

DAY 012

모지스 할머니(Grandma Moses)는 70세가 넘어서 본격적으로 그림을 그리기 시작했고, 80세가 넘어서 세계적인 화가가 되었다. 처음에는 취미로 시작했지만, 그녀의 작품이 인정받아 뉴욕 현대미술관(Moma)에서도 전시되었다.

90세 넘은 '기네스 최고령 유튜버 나카지마 하마코' 할머니는 게임 유튜브 채널을 운영하며 젊은이들과 소통하고 있다. 꿈을 꾸고 새로운 도전을 시작하는 한, 우리는 언제든 성장하고 인생을 활기차게 만들어 갈 수 있는 것이다.

"사람은 늙고 나이 들어서 새로운 도전에 대한 꿈을 중단하는 것이 아니라 새로운 도전에 대한 꿈을 접을 때 늙는다"
― 엘링카게

도전하는 삶이 일상이 된 나는 언제나 젊고 생기가 넘친다. 오늘도 나는 새로운 가능성을 발견하며 내 삶을 활기차게 만들어 가는 사람이다.

불가능해 보인다고 물러서지 않는다.
현실이 막아도, 상처가 깊어도, 마음속 불꽃은 사그라지지 않는다.
이루지 못할 것 같은 그 꿈 하나가 오히려 가장 강한 나를 만든다.
이 세상에 닿지 않을 별이란 없다.
진심으로 바라보며 달려간다면, 결국 그 별은 손 끝에 닿으리라.

"이룩할 수 없는 꿈을 꾸고, 이루어질 수 없는 사랑을 하고, 싸워 이길 수 없는 적과 싸움을 하고, 견딜 수 없는 고통을 견디며, 잡을 수 없는 저 하늘의 별을 잡자"

— 소설 돈키호테

나는 불가능해 보이는 꿈을 향해 나아간다. 이루어질 수 없을 것 같은 목표라도 포기하지 않고 도전하며, 넘어설 수 없는 한계를 뛰어넘는다. 어떤 어려움도 이겨내고, 결국 저 하늘의 별을 내 손에 쥔다!

DAY 014

월트 디즈니는 미키마우스를 창조하기 전부터 '꿈과 마법이 있는 세상'을 상상했다(상상). 그는 애니메이션이 단순한 그림이 아니라 사람들에게 감동을 줄 수 있는 예술이 되길 원했다(소망). 초기에는 투자자들에게 거절당했지만, 자신의 아이디어가 반드시 성공할 것이라 믿었다(믿음). 마침내 디즈니랜드를 만들고 애니메이션 스튜디오를 운영하며 꿈을 현실로 만들었다(실천). 생생하게 상상하고, 간절히 소망하며, 믿음을 갖고 실천하면 불가능도 가능해진다.

"생생하게 상상하라. 간절하게 소망하라. 진정으로 믿으라. 그리고 열정적으로 실천하라."

— 폴 J. 마이어

나는 내 꿈을 생생하게 그린다. 간절한 소망을 품고, 이루어질 것을 굳게 믿으며, 열정적으로 실천한다. 나의 상상은 현실이 되고, 나의 믿음은 성공을 이끌어낸다.

DAY 015

행동하지 않으면 기회도 없다. 주저하는 동안 세상은 변하고, 적극적으로 움직이는 사람이 더 많은 기회를 잡게 된다. 생각이 떠올랐을 때 즉시 작은 행동부터 시작해야 한다. 처음부터 완벽할 필요는 없다.

실행하면서 배우는 것이 더 중요하다. 세상과 소통하기 위해서는 뭐든 직접 부딪혀야 하고, 새로운 사람들과 교류하며 피드백 받는 것을 즐겨야 한다.

"망설이는 호랑이는 쏘는 벌보다 못하다"

― 사마천

나는 망설이지 않는다. 두려움에 머무르기보다 과감하게 행동하며, 내 목표를 향해 힘차게 나아간다. 용기 있는 도전이 결국 나를 성장시키고, 나는 반드시 원하는 것을 이루어 낸다.

꿈의 크기가 곧 삶의 크기를 결정한다.
작은 꿈에 안주하면 현실도 그만큼 작아진다.
진짜 두려워할 것은 남과의 간격이 아니라, 스스로 그어버린 한계의 선이
다. 한계를 넘는 순간, 세상은 더 넓어지고 그 안에서 진짜 내가 시작된다.

"부의 격차보다 무서운 것은 꿈의 격차이다"
― 알베르트 아인슈타인

나는 꿈의 크기를 제한하지 않는다. 나의 가능성은 무한하며, 목표를 향해 끊임없이 성장한다. 꿈꾸는 용기가 곧 나의 힘이 되고, 나는 내가 그린 미래를 반드시 현실로 만든다.

DAY 017

꿈은 언제나 말없이 등을 밀어주는 파트너이다.
두려움 앞에서 멈춰설 때도, 넘어질 때도,
다시 일어서게 하는 건 결국 마음 깊은 곳의 꿈이다.
그 존재 하나로 모든 도전은 이유가 되고, 시련은 길이 된다.
꿈을 향한 발걸음엔 언제나 용기가 깃들어 있다.

"꿈은 도전에 대한 용기를 주는 친구이다"

– 에디라스칼

나의 꿈은 언제나 나를 응원하는 친구이다. 나는 꿈을 향해 도전할 용기를 갖고, 두려움 없이 앞으로 나아간다. 어떤 어려움이 와도 내 꿈이 나를 지켜줄 것이라 믿는다.

DAY 018

오늘의 선택이 내일의 방향을 정한다.

지금의 걸음이 비록 작아 보여도, 그것은 분명 꿈을 향한 해답이 된다.

망설이지 마라. 내일을 묻는 대신, 오늘을 살아내라.

꿈은 질문이 아니라, 지금 이 순간의 용기 있는 응답이다.

"꿈은 내일의 질문에 대한 오늘의 해답이다"

– 에드거 케이시

나는 오늘의 나를 믿고, 내일의 꿈을 향해 한 걸음씩 나아간다.
나의 작은 오늘은 내일의 위대한 해답이 된다.

꿈은 도달의 문제가 아니다.
향해 가는 그 순간부터 삶은 이미 빛나기 시작한다.
높을수록 두려움도 커지지만, 더 높이 날아오를 이유도 분명해진다.
과녁보다 중요한 건, 하늘을 향해 당긴 그 믿음의 활시위다.

"하늘을 향해 쏜 화살은 반드시 도달하지 못할 수도 있지만 태양을 향한 꿈은 결코 헛되지 않는다"

– 칼 샌드버그(미국의 시인)

나는 언제나 나의 꿈을 향해 날아오른다. 그 여정 속에 나의 빛나는 삶이 있다.

DAY 020

물음표가 아닌 느낌표로 삶을 그려라.

목표가 선명해지는 순간, 멈춰 있던 에너지가 깨어난다.

그 하나의 결심이, 내 안의 가능성을 흔들어 깨운다.

방향이 있는 의지는 마침내 운명을 움직인다.

"목표를 설정할 때 마술은 시작되는 것이다"

– 윔 데이비스

내가 마음에 그리는 목표는 , 내 안에 잠든 마법을 깨우는 열쇠이다.

제2장

용기─도전의 힘

Day21-Day40

DAY 021

자신감은 감정이 아니라 선언이다.

표정 하나로 하루를 바꿀 수 있다. 입꼬리를 올리는 그 순간,

마음도 운명도 함께 올라선다.

미소는 약하지 않다. 세상을 밝히는 가장 강한 빛이 된다.

오늘을 밝히는 첫 시작은 당신의 얼굴에 띤 그 작은 미소 한 줄기다.

"자신감 있는 표정을 지으면 자신감이 생긴다"

– 찰스 다윈

미소와 함께 나의 빛을 세상에 전한다. 그 미소가 나의 마음도, 하루도 환하게 밝힌다.

DAY 022

성공은 재능의 문제가 아니다. 집중의 깊이가 곧 결과의 높이다.
잘할 수 있는 일을 찾았는가?
그렇다면 망설이지 말고 전부를 쏟아라. 좋아하는 일을 향한 몰입은 에너지의 폭발이 되고, 불가능을 넘어서는 동력이 된다.
광적인 집중은 운명을 바꾸는 가장 현실적인 전략이다.

"성공의 비결은 단 한 가지, 잘할 수 있는 일에 광적으로 집중하는 것이다"

– 톰 모나건

나는 내가 좋아하며 잘할 수 있는 일에 열정을 쏟는다. 집중하는 순간, 나의 가능성은 한계를 넘는다.

행복은 우연이 아니다. 선택이다.
반복되는 선택, 그 축적된 마음이 행복을 만든다.
크고 거창한 일이 아니어도 좋다. 평범한 일상 하나에도 충분히 행복해질 수 있다. 습관처럼 행복을 선택하라.
그 선택이 결국 오늘을 빛나게 하고 삶 전체를 바꾸는 힘이 된다.

"행복은 습관이다. 그것을 몸에 지니라"

― 조지 허버트

오늘도 행복을 선택한다. 작은 순간들을 소중히 느낄 때, 행복은 나의 일상이 된다.

DAY 024

좋은 결과는 우연이 아니다. 흔들리지 않는 한 걸음, 그 안에 이미 성과의 씨앗이 심겨 있다. 조급함은 방향을 잃게 하고 성과는 언제나 충실한 과정 위에 자란다.
지금 이 순간, 이 한 걸음에 최선을 다하는 자만이 결국 원하는 곳에 닿는다.
가볍게 걷지 마라. 단단하게, 진심으로 내딛어라.
그 걸음이 결국 길이 된다.

"좋은 성과를 얻으려면 한 걸음 한 걸음이 힘차고 충실하지 않으면 안 된다"

– 단테 알리기에리

나는 조급해하지 않는다. 지금 이 한 걸음에 최선을 다할 때, 좋은 결과는 자연스럽게 따라온다.

DAY 025

멈춰 서 있으면 계단은 단지 벽일 뿐이다. 하지만 한 걸음 내딛는 순간, 그 벽은 나를 위로 이끄는 길이 된다.
매일의 작은 실천이 쌓여 내일의 나를 만든다.
높은 곳은 단숨에 오를 수 없지만, 성장은 언제나 발끝에서 시작된다.
지금의 한 걸음, 그 자체로 충분히 가치 있다. 그 한 걸음이 나를 위로, 더 멀리 이끌어갈 것이다.

"계단을 밟아야 계단 위에 올라설 수 있다"

– 터키 속담

나는 오늘의 작은 실천이 내일의 큰 성장을 만든다는 것을 믿는다.
한 걸음씩 나아가는 나에게 박수를 보낸다.

DAY 026

실패는 끝이 아니다. 진짜 실패는 포기할 때 일어난다.
넘어졌다면 일어서라. 흙 묻은 손으로 다시 꿈을 잡아라.
한 번의 좌절이 인생 전체를 말해주지 않는다. 진정한 나의 힘은 넘어진 그 자리를 딛고 다시 걷는 용기에서 드러난다.
넘어져도 괜찮다. 다시 일어서는 그 순간, 나만의 인생이 시작된다.

"한 번의 실패와 영원한 실패를 혼동하지 마라"

— F. 스콧 피츠제럴드

나는 실패 속에서도 배운다. 넘어진 자리에서 다시 일어서는 내가 진짜 나다.

완벽한 선택은 없다. 살아간다는 건, 날마다 실험대 위에 서는 일이다.
망설이지 마라. 실수는 상처를 남길지언정, 도전은 방향을 남긴다.
결과보다 중요한 건, 지금 이 순간 시도하고 있다는 사실.
실험하는 삶을 멈추지 말자.
그 반복 속에서 어제보다 나은 내가 만들어진다.

"너무 소심하고 까다롭게 자신의 행동을 고민하지 말라. 모든 인생은 실험이다. 더 많이 실험할수록 더 나아진다"

— 랄프 왈도 에머슨

나는 포기보다 도전을 선택한다. 지금의 시도 하나하나가 더 나은 나를 만드는 실험이 된다.

DAY 028

정박한 배는 안전하다. 그러나 항구에 머물기 위해 만들어진 배는 없다. 바다는 거칠고 예측할 수 없다. 하지만 그 바다를 건널 때, 비로소 존재의 이유가 드러난다.

두려움은 멈추라는 신호가 아니라, 더 큰 나로 나아가라는 부름이다. 편안함을 포기할 때, 비로소 진짜 삶이 시작된다.

"배는 항구에 있을 때 가장 안전하다. 하지만 그것이 배의 존재 이유는 아니다"

– 윌리엄 G. 셰딩

나는 편안함보다 성장하는 길을 선택한다. 두려움 너머에 진짜 내가 기다리고 있음을 믿는다.

DAY 029

어제에 매달리면 오늘을 놓친다. 지나간 시간을 더는 바꿀 수 없지만,
지금 이 순간은 내 손 안에 있다. 과거는 끝났고, 미래는 아직 오지 않았다.
중요한 건 오늘, 이 순간의 선택과 태도다.
실수했어도 괜찮다. 돌이킬 수 없다면, 넘어서면 된다.
오늘의 내가 내일을 만든다. 그 힘은 남이 아닌, 내 안에 있다.

"절대 어제를 후회하지 마라. 인생은 오늘의 나 안에 있고, 내일은 스스로 만드는 것이다"

— L. 론 허바드

나는 과거에 머물지 않는다. 오늘의 나로 내일을 만들어가는 힘이 내 안에 있음을 믿는다.

DAY
030

속도가 빠르다고 먼저 도달하는 것이 아니다. 세상은 조급한 발걸음보다 묵묵히 제 속도를 지키는 이에게 더 깊은 열매를 안긴다. 눈치 보며 달릴 필요 없다. 나만의 리듬으로 피어난다는 것이 더 중요하다.
서두르지 말고 흔들리지 마라.
천천히 피어난 꽃일수록 그 향기는 오래 머무른다.

"먼저 핀 꽃은 먼저 진다. 남보다 먼저 공을 세우려고 조급히 서둘 것이 아니다"

― 채근담

나는 나만의 속도를 믿는다. 성급함을 내려놓을 때, 나다운 꽃이 천천히 피어난다.

DAY 031

복잡한 시대에 단순하게 산다는 것, 그 자체가 의지이자 철학이다.
정보는 넘처나고 선택은 무한하지만, 본질을 붙잡은 사람만이 흐려지지 않는다. 쓸데없는 것에 휘둘릴수록 삶의 중심은 무너진다.
덜어내는 순간, 진짜 필요한 것이 드러난다. 단순함은 가난함이 아니다.
불필요한 것을 비워낸 사람만이 깊고 묵직하게 살아간다.
남보다 덜 가지는 것이 아니라 남보다 더 명확하게 사는 것이다.

"단순하게 살아라. 현대인은 쓸데없는 절차와 일 때문에 얼마나 복잡한 삶을 살아가는가?"

– 이드리스 샤흐

나는 복잡함 속에서도 단순함을 선택한다. 덜어낼수록 내 삶은 더 깊어진다.

DAY 032

닫힌 문에 오래 머무는 사람은 결코 새로운 문을 발견하지 못한다.
변화는 상실 뒤에 오고, 기회는 이별 끝에 온다.
무너진 자리에서 다시 일어서는 사람만이 다음 문을 열 준비가 되어 있는 사람이다. 슬퍼할 시간에 고개를 들고, 닫힌 문이 아니라 열린 가능성을 바라봐야 한다.
언제나 열려 있는 문은 있다. 단지 고개를 돌려 다시 한 번 걸어 나가야 한다. 미련보다 용기가, 후회보다 움직임이 우리의 내일을 바꾼다.

"행복의 문이 하나 닫히면 다른 문이 열린다. 그러나 우리는 종종 닫힌 문을 멍하니 바라보다가 우리를 향해 열린 또다른 문을 보지 못하게 된다"

— 헬렌 켈러

나는 이미 닫힌 문에 머물지 않는다. 새롭게 열린 가능성을 향해 한 걸음씩 마음을 열어간다.

DAY 033

행복은 기다리는 것이 아니다. 지금 내가 하는 일 안에서 찾아야 한다.
좋아하지 않으면 견디기 힘들고, 사랑하지 않으면 끝까지 갈 수 없다.
자신이 하는 일을 사랑하는 사람만이 일 속에서 기쁨을 발견하고, 일을 넘어 삶을 빛나게 만든다.
세상이 주는 일이 아니라, 내가 의미를 부여한 일이 참다운 나를 증명한다.
그 순간, 직업은 단순한 생계가 아니라 삶의 이유가 된다.

"직업에서 행복을 찾아라. 아니면 행복이 무엇인지 절대 모를 것이다"

– 엘버트 허버드

나는 내가 하는 일을 사랑하고, 그 안에서 나다운 기쁨과 가치를 발견한다.

DAY 034

진짜 웃음은 고통을 지나온 사람만이 가진다.
상처를 피하지 않고, 아픔을 껴안은 자만이 웃음의 무게와 깊이를 안다.
고통을 견디며 일어선 자의 얼굴에만 진정한 미소가 피어난다.
견딘 시간만큼, 흘린 눈물만큼, 그 웃음은 단단해지고 따뜻해진다. 그것이 삶이 주는 가장 인간적인 선물이다.

"진정으로 웃으려면 고통을 참아야 하며, 나아가 고통을 즐길 줄 알아야 한다"

— 찰리 채플린

나는 아픔 속에서도 의미를 찾는다. 지나온 상처는 오늘의 웃음을 더 깊게 만든다.

DAY 035

행복은 미래에 있지 않다. 과거는 지나갔고, 내일은 아직 오지 않았다.
오직 지금 이순간 만이 살아 있는 시간이다.
지금에 머무는 자는 흘러가는 삶을 붙잡는 사람이다.
지금을 느끼는 자만이 살아 있는 사람이다.
모든 기쁨, 사랑, 성장은 바로 지금 이 순간 안에 있다.
흩어진 마음을 거두고, '오늘이라는 빛'을 두 손으로 붙잡아라.

"언제나 현재에 집중할 수 있다면 행복할 것이다"

− 파울루 코엘류

나는 지금 이 순간에 온전히 머문다. 현재를 느낄 때, 내 삶은 가장 깊이 빛난다.

DAY 036

위대한 여정은 거창한 시작이 아니라, 지속되는 걸음에서 탄생한다.
하루의 세 시간, 그 작고 단단한 발걸음이 결국 세계를 바꾸는 힘이 된다. 포기하지 않고 걷는 자, 시간을 이기고 꿈에 도달한다.
작은 걸음 안에는 미래를 현실로 바꾸는 힘이 있다.

"하루에 3시간을 걸으면 7년 후에 지구를 한 바퀴 돌 수 있다"
― 사무엘 존슨

나는 오늘의 작은 걸음을 믿는다. 지속되는 나의 발걸음이 결국 꿈을 현실로 만든다.

DAY 037

진짜 싸움은 외부가 아닌 자기 자신과의 싸움이다.

흔들리는 마음을 붙잡고, 망설이는 나를 밀어내야 앞으로 나아갈 수 있다.

결심은 방향을 만들고, 용기는 그 길을 걷게 만든다.

오늘의 나는 어제의 나를 넘기 위해 존재한다.

스스로를 이기는 그 순간, 도전은 성취로 바뀐다.

"모든 도전은 자신에 대한 싸움이다. 그리고 그 싸움은 이기기 위한 결심과 용기를 요구한다"

— 오스카 와일드

나는 흔들리는 나를 이겨내는 힘을 키워간다. 결심과 용기로 오늘의 나를 넘는다.

DAY 038

고통을 견딘 마음에는 두려움이 아닌, 단단한 용기가 남는다.
상처는 약함의 흔적이 아니라 버텨낸 사람만이 가질 수 있는 증표다.
그 깊이만큼 강해지고, 그 아픔만큼 사람은 깊어진다.
넘어진 자리에서 다시 일어설 때, 그 순간이 바로 진짜 용기가 자라나는 시간이다.

"마음 속의 고통을 이겨내면 그 안에는 더 큰 용기가 남게 된다"
- 로버트 루이스 스티븐슨

나는 아픔을 지나며 용기를 배운다. 상처는 나를 더 깊고 강한 사람으로 만든다.

DAY 039

모든 성취는 단단한 준비만으로는 완성되지 않는다. 결국 승부는 결정적인
순간의 용기에 달려 있다. 망설임과 두려움의 문턱에서
반 걸음 더 나아가는 사람만이 스스로의 한계를 돌파할 자격이 있다.
주저하는 그 찰나에 선택을 밀어붙이는 단 하나의 힘, 바로 용기.
그 순간이 모든 가능성의 문을 여는 열쇠가 된다.

"모든 성취는 결정적인 순간의 용기에서 시작된다"
                                          - 윈스턴 처칠

나는 망설임의 끝에서 용기를 꺼낸다. 그 한 순간의 선택이 나의 가능성을 열어간다.

안전에 안주하는 순간, 성장은 멈춘다.
위험이 없다는 건, 기회도 없다는 뜻이다.
무너지더라도 다시 일어설 용기, 그게 도전이고, 살아 있는 삶이다. 익숙함을 벗어날 때, 비로소 내가 보인다.
불확실한 길을 선택하는 용기, 그것이 나를 더 깊고 넓은 세계로 이끈다.
오늘의 도전은 내일의 나를 다시 쓰는 일이다.

"가장 큰 위험은 위험이 없는 것이다"
— 푸시타

나는 안정보다 성장하는 삶을 선택한다. 도전하는 오늘이 내 삶을 더 깊고 넓게 만든다.

제3장

사랑—마음의 연결

Day41-Day60

DAY 041

사랑은 단순한 감정이 아니다. 사랑은 에너지이며 원동력이다.
깊이 사랑하는 순간, 어제는 두려웠던 일이 오늘은 견딜 만해진다.
사랑은 우리 안의 힘을 끌어올리고, 넘어야 할 벽 앞에서도 주저앉지 않게 만든다. 진심으로 사랑하는 대상이 있다면, 우리는 더 이상 약하지 않다.
그 마음 하나가 삶 전체를 이끌어가는 거대한 힘이 된다.

"깊이 사랑하면 힘이 나고, 깊이 사랑하면 용기가 생긴다"
- 노자

나는 사랑할수록 강해진다. 마음 깊이 사랑하는 모든 것이 내 삶을 움직이는 힘이 된다.

DAY 042

사랑은 눈에 보이지 않는다. 보이지 않는다고 해서 결코 약한 것이 아니다.
눈으로 확인할 수 없지만, 마음으로는 분명히 느껴진다.
사랑의 에너지는 삶을 붙잡아주고, 절망 속에서도 다시 일어서게 만든다.
진짜 강한 것은, 언제나 깊고 조용하게 흐른다. 그리고 그것은 시간을 넘어
삶을 영원히 지탱하게 한다.

"사랑은 눈에 보이지 않지만, 그 힘은 절대적이며 영원하다"
― 헤르만 헤세

나는 보이지 않는 사랑의 힘을 믿는다. 그 따뜻한 에너지가 나를 살아가게 한다.

DAY 043

사랑은 삶의 본질을 향해 나아가는 치열한 여정이다. 상처받을까 두려워 멈춘다면, 결코 진정한 삶에 닿을 수 없다.
사랑을 택한 순간, 우리는 이미 가장 인간다운 길을 걷고 있는 것이다.
사랑 안에서 삶의 이유를 찾는 사람은 흔들리지 않는다.

"사랑은 고통이 아니라, 삶의 의미를 찾는 여정이다"
― 한용운

나는 사랑 안에서 내 삶의 의미를 발견한다. 그 여정은 나를 더 깊게 하며 따뜻한 사람으로 이끈다.

DAY 044

세상을 바꾸는 건 거창한 말이나 완벽한 논리가 아니다. 사랑으로 말하고, 관용으로 반응하는 태도, 그 하나가 모든 흐름을 바꾼다.
말을 앞세우기보다 행동을 담고, 이기려 하기보다 이해하려는 자세에서 어우러진다.
사랑과 관용은 어떤 날카로운 말보다 더 깊이 닿는다.
부드러움이 세상을 이긴다. 그리고 그 시작은 언제나 내 태도다.

"사랑과 관용으로 모든 상황은 대처하라"

— 장자

나는 사랑으로 말하고, 관용으로 반응한다. 지혜로운 태도가 나와 세상을 부드럽게 만든다.

DAY 045

사랑은 셈하지 않는다. 주고도 남았는지를 따지지 않고, 받지 못했다고 서운해하지 않는다. 사랑은 나누는 순간 커지고, 흘려보내는 순간 돌아온다. 사랑은 줄어드는 감정이 아니라 퍼질수록 깊어지는 에너지다.

아끼지 않은 사랑만이 진짜다. 가득 찼을 때가 아니라, 텅 빈 순간에도 손 내미는 그 마음이 사랑이다.

"사랑은 계산하지 않는다. 그것은 흘러 넘치며, 줄수록 더 많아 진다"

— 생 클레어

나는 사랑을 아끼지 않는다.
베풀고 표현할수록 내 마음은 더 풍요로워진다

사랑은 가장 깊은 곳에서 솟아나는 인간의 진실이다.
그 사랑이 곧 나다.
그 언어로 세상을 만나고, 그 감정으로 나를 증명한다.
사랑은 나의 정체성이며, 내가 세상에 남기는 가장 분명한 흔적이다.

"사랑은 우리가 가진 최고의 선물이다"

― 셰익스피어

나는 사랑을 아끼지 않는다.
사랑은 우리가 누구인지 말해주는 가장 진실한 언어다.
나는 그 언어로 나를 표현하고, 그 사랑이 나의 존재를 증명한다.

DAY 047

보이지 않는 뿌리가 나무를 지탱하듯, 조용한 삶이 깊이를 만든다.
자리를 차지하지 않아도 중심이 되고, 목소리를 높이지 않아도 영향은 퍼진다.
그저 거기 있는 것만으로도, 사람들은 길을 찾는다.

"복숭아와 자두 아래에는 저절로 길이 생긴다"

– 사마천

나는 소리없이 영향력을 쌓고, 존재만으로도 길이 되는 사람이다.

사랑은 세상의 흐름을 바꾸지 않지만, 그 흐름에 깊이를 더한다.
속도를 내는 힘이 아니라, 멈춰야 할 가치를 만들어 준다.
작은 진심 하나가 사람을 움직이고, 그 사람이 세상을 바꾼다.
모든 변화는 사랑에서 시작된다.

"사랑은 세상을 돌아가게 만들지 않는다. 사랑은 세상을 가치있게 만든다"

― 엘리자베스 브라우닝

나는 사랑이 삶에 남기는 가치를 믿는다. 그 마음 하나로, 세상은 충분히 달라질 수 있다.

DAY 049

진짜 사랑은 주는 순간 끝난다. 돌아오길 바라지 않고, 받기를 요구하지도 않는다. 있는 그대로 존중하고, 조건 없는 마음으로 다가설 수 있을 때, 비로소 사랑은 가장 순수한 빛을 낸다.

기대할수록 실망은 커지게 되고, 소유하고자 할수록 관계는 무너지게 된다.

사랑이란, 상대를 나처럼 믿고 그 존재 자체로 충분하다고 말해주는 일이다.

바라기보다 존중하라.

그것이 사랑을 오래가게 하는 힘이다.

"진정한 사랑은 기대 없는 사랑이다"

— 생텍쥐페리

나는 바라기보다 존재를 존중하는 사랑을 선택한다. 조건 없이 주는 마음이 나를 더 풍요롭게 만든다.

DAY 050

사랑은 무언가를 얻는 일이 아니다. 사랑은, 내 안에 있는 가장 소중한 것을 누군가에게 조심스레 건네는 일이다. 그 마음이 온전히 전해지길 바라며 두 손으로 감싸 내어주는 것. 때로는 말로 다 전할 수 없어도 그 마음은 표정으로, 눈빛으로, 그리고 침묵속의 따뜻함으로 전해진다.

진심을 나눈다는 건 내가 누군가의 삶에 빛이 되어준다는 것이고, 그 순간, 나도 내가 누구인지 선명하게 느끼게 되는 일이다.

"사랑은 자기 자신을 찾는 것이 아니라, 자기 자신을 나누는 것이다"

– 게리 채프먼

나는 나의 진심을 아끼지 않고 나눈다. 사랑은 나를 채우는 것이 아니라 나를 나누며 더 깊어지는 것이다.

DAY 051

사랑은 거창할 필요가 없다. 값비싼 선물도 멋진 말도 진심을 대신할 순 없다. 진정어린 마음을 전하고 싶을 때 오히려 아주 작은 행동 하나가 더 깊은 울림을 남기곤 한다.
누군가의 말을 끝까지 들어주는 일, 잠시 손을 잡아주는 따뜻한 동작,
조용히 곁에 있어주는 그 한 순간, 그런 작고 사소한 실천 속에 진짜 사랑이 있다. 말은 사라져도 행동은 기억이 되고, 그 기억은 마음을 움직이는 빛이 된다.

"사랑은 느낌이 아니라 행동이다"

– 벨 훅스

나는 사랑을 행동으로 전한다. 작은 실천이 진심을 가장 깊게 전하는 길임을 믿는다.

DAY 052

누군가의 따뜻한 말 한마디, 작은 배려, 조용히 전해지는 미소 하나에 내 마음이 포근해졌던 기억, 한 번쯤은 있다. 그 기억들은 말해준다. 사랑은 거창한 게 아니라 사랑스럽게 살아가는 태도에서 시작된다고. 먼저 사랑하고 내가 바라는 따뜻함을 나부터 실천하다보면 사랑은 내가 세상에 보여주는 모습으로 돌아온다.

상냥한 말투, 서두르지 않는 대화, 내가 내는 온기가 곧 나의 모습이 되고, 그 모습이 누군가의 하루를 부드럽게 감싸게 된다.

사랑을 흘리는 사람 곁엔 언제나 사랑이 머물게 되어 있다.

"사랑받고 싶다면 사랑하라. 그리고 사랑스럽게 행동하라"

– 벤저민 프랭클린

사랑은 내가 세상에 보여주는 모습으로 돌아온다.

DAY 053

사랑이라고 해서 모든 걸 알아야 할 필요는 없다. 모든 순간을 함께해야만 진짜라는 것도 아니다. 사랑은 붙잡는 게 아니라 머무를 수 있는 공간을 내어주는 일.
진짜 사랑은 서로를 통제하지 않고, 서로가 가장 '자기답게' 살아갈 수 있도록 곁을 내어주는 것이다. 조금 멀어져도 불안하지 않고, 완전히 같지 않아도 이해할 수 있는 것, 그것이 바로 나를 얽매지 않고, 있는 그대로의 나를 사랑하게 해주는 참사랑의 얼굴이다.
서로를 구속하지 않아도 자연스럽게 이어지는 마음, 그 안에 있는 자유야말로 사랑을 오래 가게 하는 가장 깊은 신뢰이다.

"사랑은 지배하는 것이 아니라 자유를 주는 것이다"
― 에리히 프롬

나는 사랑을 통해 서로의 자유를 존중한다. 진짜 사랑은 나를 얽매지 않고, 나답게 살아가게 해준다.

사랑은 누구나 품을 수 있다. 하지만 누구나 표현할 수 있는 건 아니다. 진정한 사랑은 감추는 게 아니라 드러내는 데서 시작된다.
말하지 않으면 닿지 않는다. 숨기기만 하면 머물지 못한다.
사랑은 진심을 꺼내는 순간, 나를 가장 용기있게 만들어 준다.
사랑은 마음속에만 있으면 그저 감정이지만, 드러내는 순간
그건 세상에 존재하는 힘이 된다.

"겁쟁이는 사랑을 드러낼 능력이 없다. 사랑은 용기 있는 자의 특권이다"

– 마하트마 간디

나는 사랑을 두려워하지 않는다. 진심을 표현하는 용기 속에 사랑은 살아 숨쉰다.

사랑은 말로 시작되지 않는다. '듣는 태도'에서 자란다.

상대의 말에 온 마음을 기울이는 순간, 사랑은 말보다 더 큰 울림으로 전해진다. 침묵 속에서 흐르는 감정, 말보다 깊은 마음의 파장을 온전히 들어줄 줄 아는 사람이야말로 사랑할 준비가 된 사람이다.

말하려 하지 마라. 먼저 들어라. 진짜 사랑은 귀 기울이는 데서 시작된다.

"사랑의 첫 번째 의무는 상대방에 귀 기울이는 것이다"
― 폴 틸리히

나는 마음을 다해 들어준다. 귀 기울이는 그 순간, 사랑은 가장 깊은 자리에 닿는다.

DAY 056

많은 이들이 사랑을 바라며 산다. 사랑받고 싶은 마음, 그건 인간의 본능이다. 그러나 삶을 진정으로 빛나게 하는 건 사랑을 주기 위해 사랑하는 태도다. 조건도, 보상도 따지지 않고 그저 사랑 자체를 선택하는 사람. 그런 마음은 계산하지 않는다. 그런 사랑은 소리 없이 깊어진다. 사랑을 주는 사람은 더 이상 기대하지 않는다.

그 자체로 고귀한 길을 걷는 것이다. 받기 위해서가 아니라 존재로서 사랑하는 것, 그것이 인생을 품격 있게 만든다.

"사랑받기 위해 사랑하는 것이 인간이다. 그러나 사랑하기 위하여 사랑하는 것은 천사에 가깝다"

— A.D 라마르틴

나는 사랑하기 위해 사랑한다. 그 마음 하나가 내 삶을 더 고귀하게 만든다.

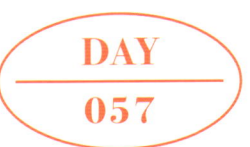

작은 관심 하나가 생명을 붙들고, 말없이 건넨 마음 하나가 꺼져가는 숨을 다시 쉬게 한다.
사랑은 보여주기보다 믿어주는 용기다.
그 조용한 힘이, 지금 누군가의 어둠을 밀어낸다.

"세상에는 빵 한 조각 때문에 죽어가는 사람도 많지만 작은 사랑도 받지 못해 죽어가는 사람은 더 많다"
― 마더 테레사

작은 관심 하나가 삶을 지켜낸다. 사랑은 크기보다 진심에 힘이 있다. 나는 그 조용한 힘을 믿는다.

DAY 058

사랑은 때로 아프다. 하지만 그 아픔은 결코 나를 무너뜨리지 않는다.
오히려 나를 더 단단하게, 깊이 있는 사람으로 만든다.
고통 없는 사랑은 없다. 그러나 그 고통은 다른 어떤 즐거움보다 진하고, 결국 나를 성장시키는 뿌리가 된다.
흐르고 또 흐르는 이 마음 안의 사랑은 시간이 지나도, 상황이 바뀌어도 영원히 빛을 잃지 않는다. 사랑은 그 자체로 힘이다.

"사랑의 고통은 다른 어떠한 즐거움보다도 달콤하다"
- J. 드라이븐

  사랑으로 인한 아픔은 피하지 않는다. 그 속에 담긴 진심이 나를 더 깊은 사람으로 만든다.
상처마저도 의미가 될 때, 사랑은 완성된다.

DAY 059

삶은 사랑을 배우는 시간이다.

그 시간은 유한하고, 그래서 더욱 소중하다.

사랑은 주어진 것이 아니라, 날마다 익혀가는 기술이며 태도다.

상처 속에서 배운 사랑은 더 단단하고, 기쁨 속에서 키운 사랑은 더 깊다. 멈추지 않고 사랑하려는 사람만이 자신을 이해하고, 세상을 품는다.

삶은 결국 사랑을 향해 걷는 여정이며, 그 길 위에 나다운 나의 얼굴이 그려진다.

"삶이란 사랑하는 법을 배우기 위해 주어진 얼마간의 자유 시간이다"

– 아베 피에르

나는 이 소중한 시간을 사랑으로 채워간다. 매 순간, 사랑하는 법을 배우며 나 자신을 더 깊이 이해한다.
내 삶은 사랑을 향해 걸어가는 아름다운 여정이다.

DAY 060

세상엔 메워지지 않는 틈이 있다.
가난한 마음, 외로운 눈빛, 미움의 상처.
하지만 사랑의 힘은 그 어떤 틈이라도 메울 수 있다.
작지 않은 우리 안의 사랑은 한계를 뛰어넘고,
세상을 사람냄새 나게 만든다.

"아무리 큰 공간일지라도 설사 그것이 하늘과 땅 사이라 할지라도 사랑의 힘으로 메꿀 수 있다"

― 괴테

나는 사랑으로 세상의 모든 틈을 메운다. 내 안의 사랑은 한계를 넘어, 더 넓은 세상까지 이끌어 간다.
사랑은 나를 통과해 세상을 살아볼만하게 만든다.

제4장

나눔—함께하는 기쁨

Day61-Day80

DAY 061

나눔은 물질을 넘는다. 무엇보다 귀한 것은 마음의 나눔이다. 기쁨을 나누면 배가 되고, 용기를 건네면 희망이 자란다.
지혜를 나누는 말 한 마디가 누군가의 인생을 바꾼다.
따뜻한 눈빛 하나가 넘어질 뻔한 사람을 다시 일으킨다.
나눔이란 함께 웃고, 함께 이겨내는 데서 시작된다.
내가 가진 모든 유연함을 누군가에게 전하는 것, 그것이 곧 나를 더 풍요롭게 만드는 길이다.

"나눔은 단순히 재물을 나누는 것이 아니라, 기쁨과 지혜, 용기를 함께 하는 것이다"

– 캐시 칼빈

나눔은 곧 내 삶을 풍요롭게 하는 힘이다. 나는 기쁨과 용기를 나누는 사람이다.

DAY 062

행복은 받는 데서 끝나지 않는다. 진짜 행복은 줄 때 시작된다.
누군가를 미소 짓게 한 순간, 그 웃음 속에 나의 기쁨도 피어난다.
주는 사람의 마음이 진정성이 있을수록 받는 사람의 하루도 환해진다.
행복을 원한다면 먼저 주어라. 칭찬 하나, 배려 하나, 작은 나눔 하나가 삶의 온도를 바꾼다. 그리고 그 온기는 언젠가 다시 나에게 돌아온다.
받기보다 주는 데 익숙한 사람, 그 사람이야말로 가장 충만한 사람이다.

"행복한 삶을 원한다면 다른 사람들에게 주는 기쁨을 먼저 배워라"
- 중국 속담

나는 주는 기쁨 속에서 진짜 행복을 배운다.

DAY 063

참다운 부는 통장에 있는 숫자가 아니다. 이름 앞에 붙는 타이틀도 아니다.
나눔이 만든 따뜻한 기억, 그것이야말로 가장 강한 자산이다.
사랑을 나눈 하루, 선의를 실천한 순간, 그 모든 조각들이 모여 인생의 진정한 가치를 증명한다. 쌓는 것보다 나누는 것이 더 크고 깊은 부를 만든다. 그 부는 세월이 흘러도 줄지 않는다. 오히려 나눌수록 커진다.
그렇게 살아간 사람이야말로 진짜 '풍요로운' 사람이다.

"참된 부는 우리가 쌓아둔 것이 아니라 우리가 나눈 것에 의해 측정된다"

– 헨리 워드 비처

나는 나눔으로 진짜 부자가 된다. 내가 나눈 사랑과 선함이 나의 참된 가치다.

DAY 064

모든 것은 시간이 지나면 잊힌다. 하지만 진심은 예외다.
말 한 마디, 눈빛 하나, 따뜻한 손길까지 그 안에 담긴 마음의 무게는
시간을 넘고, 기억을 넘어, 누군가의 가슴 속에 깊은 흔적으로 남는다.
가장 오래 기억되는 건 무엇을 가졌는가가 아니라 얼마나 진실했는가이다.
그러니 주저하지 마라. 가장 소중한 것을 줄 수 있는 사람만이 영원한 인상을 남긴다.

"자신을 주어라. 다른 것은 너에게 돌아오겠지만 너 자신을 준 것은 영원히 남는다"

— 앙드레 지드

나는 나의 진심을 세상에 건넨다.
진심은 시간을 넘어 영원히 기억된다.

DAY 065

무언가를 준다는 건 결핍이 아니라 충만의 증거다.

손을 내밀어 준다는 건 먼저 가진 자의 특권이 아니라, 마음의 깊이를 증명하는 삶의 태도다. 나눔은 결코 사라지지 않는다. 돌고 돌아 자신의 삶을 더 단단하게 해준다. 베푸는 일은 언제나 자신을 위한 가장 현명한 선택이다. 남을 위한 길이 곧 자신을 밝히는 길이기 때문이다.

"남에게 베푸는 것이 곧 자신을 위한 것이다"

— 명심보감

나는 베풀수록 더 풍요로워진다.
나눔은 나를 밝히는 빛이다.

DAY 066

 좋은 일은 언제나 소리 없이, 낮은 곳을 향해 흐른다.
사람들의 눈에 띄지 않아도 괜찮다. 그 길 끝에는 하늘이 지켜보는 자리가 있다. 도움이 필요한 곳에 손을 내밀고, 빛이 닿지 않는 곳에 따뜻함을 보내는 사람, 그 이름 없는 선함은 결국 가장 높은 곳으로 닿는다. 하늘은 기억한다. 겸손하게 흘러간 나눔의 물줄기를.
그리고 그 흐름을 따라 가장 깊은 복을 내린다.

"좋은 일은 물처럼 낮은 곳으로 흐른다. 나눔을 실천하는 사람은 하늘이 도울 것이다"

- 도덕경

나는 낮은 곳에서도 선을 실천한다. 하늘은 언제나 나의 나눔을 기억하고 이끌어준다.

작은 한 알의 쌀이 허기를 채우듯, 짧은 한 마디의 말이 마음을 일으킨다. 누군가의 하루를 밝혀주는 건 거창한 행동이 아니다.
조용한 손길, 따뜻한 말 한 줄이면 충분하다. 진심은 길게 간다.
작은 온기는 깊게 남는다. 그리고 그 따뜻함은 오랜 시간, 누군가의 삶 속에서 빛처럼 살아 숨 쉰다. 진심을 담은 말, 그 말이 누군가의 어두운 시간을 기억될 순간으로 바꾼다.

"한 알의 쌀을 나누면 한 끼가 되고, 한 마디의 따뜻한 말은 평생을 비춘다"

– 동양 속담

작은 나눔이 하루를 살리고, 진심 어린 말 한마디가 평생을 밝힌다.
하찮아 보이는 순간이 누군가에겐 삶의 전환점이 된다.

DAY 068

무엇을 주느냐보다 어떤 마음으로 주느냐가 더 중요하다.

형식은 한 번이지만, 진심이 담긴 나눔은 받는 이의 마음에 다시 한 번 울린다. 조건 없는 마음, 계산 없는 손길은 주고도 더 많이 받는 길이 된다. 나눔은 결코 줄어듦이 아니다. 진심이 담긴 나눔은, 주는 이의 삶까지 더 풍요롭게 만든다. 그런 나눔은 하루를 더 따뜻하게 하고, 한 사람을 평생 잊지 못하게 만든다.

"너그러운 마음으로 주는 것은 두 번 주는 것이다"
– 푸블릴리우스시루스

나는 마음을 다해 나눈다. 진심이 담긴 나눔은 삶을 더욱 풍요롭게 만든다.

DAY 069

많이 가진 사람은 눈에 띄지만, 나눌 줄 아는 사람은 마음에 남는다.
진정한 부자는 더 가지는 사람이 아니라, 덜 가지면서도 남을 생각할 줄 아는 사람이다. 자기 몫만으로도 충분하다고 여길 줄 아는 마음, 그 여유가 바로 삶의 품격이다. 세상은 그런 사람을 진짜 부자로 기억한다.
겉으로 드러난 풍요보다, 조용히 흘러나오는 넉넉함이 더 멀리 간다.
덜 가지는 선택이 더 깊은 나눔이 될 때, 그 사람은 이미 가장 높은 자리에 올라 있다.

"자신에게 필요한 것보다 조금 덜 가지고 남을 돕는 사람이야말로 가장 부유한 사람이다"

– 소크라테스

나는 가진 것에 감사하고, 나눔으로 진짜 부자가 된다.

진짜 나눔은 주고 나서 돌아보지 않는다. 받았는지, 고마워했는지 따지지 않는다.

무언가를 바라며 건넨 손은 거래다. 그러나 기대 없이 내민 손은 선물이다. 그 마음엔 계산이 없고, 그 행위엔 순도가 있다.

순수한 나눔은 작아 보여도 사람의 가슴 깊은 곳에 닿는다.

세상은 그런 무언의 선물에 의해 따뜻해지고, 그 온기는 다시 누군가에게 전해진다.

바라지 않는 나눔.

그것이 세상을 바꾸는 가장 조용한 힘이다.

"아무 것도 기대하지 않고 베풀 때, 그 선물은 가장 순수하다"

– 세네카

나는 바라지 않고 나눈다. 순수한 마음이 세상에 빛을 남긴다.

DAY 071

억지로 꺼낸 손에는 온기가 없다.

이것저것 계산하지 않고, 자연스럽게 묻어나와야 한다.

자랑했을 때 그 향기는 금방 사라진다.

왼손이 하는 일을 오른손이 모르게 하는 나눔!

하루라도 나누지 않으면 허전한 내 일상의 루틴으로 만들어 보자.

"나눔은 강물이 흘러 바다로 가듯, 자연스럽게 해야 한다"

— 장자

내 나눔은 강물처럼 흐른다. 멈추지 않고, 자연스럽게 세상으로 퍼진다.

DAY 072

바람은 멈추지 않는다. 어디에도 오래 머무르지 않고 흘러간다.
 중요한 건 그 바람이 스쳐간 자리마다 남겨진 느낌이다.
사람도 그렇다. 무엇을 말했는지보다 어떤 기운을 남겼는지가 기억된다.
지나가는 삶이라도 따뜻한 흔적을 남겨라. 그 흔적은 시간이 지나도 사람의 마음속에 남는다.
흘러가는 존재가 아니라, 흔적을 남기는 사람으로 살아가라.

"바람은 어디에도 머무르지 않고 불지만, 그것이 지나간 곳에는 시원한 기운이 남는다"

― 도덕경

나는 머물지 않고 흘러간다. 그러나 내가 지나간 자리마다, 나의 흔적을 남긴다.

DAY 073

베풂은 계산이 아니다. 기억하려는 순간, 그것은 거래가 되고 만다.

진짜 나눔은 잊어버릴 수 있을 때 완성된다. 내가 준 것을 굳이 되새기지 않을 때, 그 마음은 온전히 자유롭다.

반대로, 받은 것은 가볍게 여기지 마라. 작은 친절 하나에도 고개를 숙일 줄 아는 사람, 그 사람이야말로 진짜 향기를 머금은 사람이다.

주는 건 잊되, 받은 것은 오래도록 품어라.

"남에게 베풀었거든 부디 생각하지 말고, 남에게 받았거든 부디 잊지 마라"

― 명심보감

나는 베풀 때 기대하지 않고, 받을 때 감사로 기억한다.

DAY
074

빛은 크기보다 방향이다. 작은 불꽃이라도 어둠을 밀어내는 데는 충분하다. 작은 손길, 작은 말, 작은 나눔. 그 시작이 어둠 속에 있던 누군가의 삶에 빛이 되어 스며든다. 세상을 바꾸는 건 거대한 힘이 아니다. 누군가 오늘 하루를 견디게 한 단 한 줄의 따뜻한 말, 한 줌의 배려에서 시작된다.
불가능해 보이던 변화는 언제나 가장 작은 실천에서 비롯된다.
그 빛은 지금, 여기서부터 번져간다.

"하나의 등불이 천 년의 어둠을 없앨 수 있다. 작은 나눔도 큰 변화를 가져올 수 있다"

– 불교 경전

나는 작은 빛의 힘을 믿는다. 내 작은 나눔 하나가, 세상을 밝히는 시작이 된다.

DAY 075

성장은 자기 자신만을 들여다보는 데서 오지 않는다.
자신을 알기 위한 가장 빠른 길은 다른 사람에게 마음을 다해 다가가는 것이다. 섬김은 낮아지는 것이 아니라, 나를 마주하는 용기다.
그 과정에서 자기 자신이 무엇을 위해 존재하는지를 비로소 깨닫게 된다.
타인을 밝히는 삶은 자신을 더 환하게 만든다. 그 빛은 밖으로 퍼지지만 가장 깊숙한 내면부터 먼저 비춘다.

"자신을 찾는 가장 좋은 방법은 다른 사람을 섬기는 데 몰두하는 것이다"

– 마하트마 간디

나는 다른 이에게 마음을 다해 다가갈 때, 비로소 나를 더 깊이 만나게 된다.

DAY 076

무엇을 주었는지는 중요하지 않다. 얼마나 많이 주었는지도 중요하지 않다.
무엇보다 중요한 건, 그 안에 얼마나 많은 마음이 담겼는가이다.
작은 빵 한 조각에도 깊은 사랑이 담기면 그건 식사가 아니라 선물이 된다.
크고 화려한 것보다 작고 따뜻한 것이 오래 남는다.
사람을 움직이는 건 양이 아니라 진심이다.

"얼마나 많이 주느냐가 아니라, 얼마나 많은 사랑을 담아 주느냐가 중요하다"

– 마더 테레사

나는 양보다 마음을 먼저 건넨다. 사랑을 담아 나누는 순간, 모든 것이 충분해진다.

DAY 077

위대한 뜻은 훌륭하다. 그러나 행동이 따르지 않는 뜻은 세상을 바꿀 수 없다. 세상을 바꾸는 힘은 거창한 결심이 아니라, 작은 친절을 매일 실천하는 꾸준함에 있다.

"가장 작은 친절의 행동이 가장 숭고한 의도보다 가치 있다"
- 오스카 와일드

나는 작더라도 행동한다. 마음에 담긴 친절은 실천할 때 빛난다.

DAY 078

친절은 말보다 먼저 전해진다. 듣지 못하는 사람도, 보지 못하는 사람도 친절은 느낄 수 있다. 그 이유는 간단하다.
친절은 마음으로 말하는 언어이기 때문이다. 보여주기 위한 행동이 아니라, 닿기 위한 태도. 그 무엇보다 조용하지만, 가장 멀리 닿는 힘을 가진다. 친절은 벽을 넘고, 국경을 넘어 상처까지도 넘어간다.

"친절은 귀머거리도 들을 수 있고, 눈먼 자도 볼 수 있는 언어이다"

– 마크트웨인

나는 친절을 통해 말한다. 마음으로 전해지는 언어는, 세상의 모든 벽을 넘어 닿는다.

DAY 079

말보다 먼저 닿는 것이 있다. 그것은 미소다.
따뜻한 미소는 경계를 무너뜨리고 굳게 닫힌 마음의 문을 연다.
설명이 필요 없는 언어, 그 자체로 전달되는 진심이다.
작은 미소라도, 그 힘은 멀리 간다.
목소리가 닿지 않는 곳에도, 언어가 통하지 않는 사람에게도 미소는 길이 된다.

"따뜻한 미소는 친절의 보편적인 언어이다"

– 윌리엄 아서워드

나는 미소로 마음의 문을 연다. 그것은 언제나 가장 먼 곳까지 닿는다.

DAY 080

진짜 나눔은 비우는 것이 아니라 더 넓게 퍼지는 것이다.

촛불은 자신을 태워 끝나는 것이 아니다. 그 불빛은 어둠을 걷어내고,
그 온기는 누군가의 길을 밝힌다.
자신을 줄이는 것이 아닌, 세상을 환히 비추는 방식이다.
나눔은 소멸이 아니다. 확장이다.
의미의 확장, 영향력의 확장, 그리고 존재의 확장이다.

"촛불은 자신을 태우면서도 남을 밝힌다. 나눔이란 그런 것이다"
- 중국 속담

나는 나를 태워 세상을 밝힌다. 나눔은 소멸이 아니라 확장이다.

제5장

# 겸손—성장의 미덕

Day81-Day100

DAY 081

겸손은 겉으로 드러나지 않는다. 그러나 보이지 않는 그 뿌리가 모든 것을 지탱한다. 높이 자라고 싶다면 먼저 낮게 머무는 법을 배워야 한다. 겸손 없이 피어난 성장은 한순간 바람에도 무너진다.

그 안엔 지혜가 있고, 품격이 있으며, 자신을 다스리는 힘이 있다. 뿌리가 깊을수록 줄기는 꺾이지 않고, 꽃은 더 높이 피어난다.

겸손은 자신을 낮추는 것이 아니라 자신을 지켜내는 가장 강한 방식이다.

"겸손은 하늘의 아름다움을 펼쳐주는 보이지 않는 뿌리이다"
- 조지 무어

나는 낮게 머물되, 깊게 뿌리내린다. 겸손이 나를 하늘로 자라게 한다.

DAY 082

재능은 스스로 만들어낸 것이 아니다. 받은 것에 불과하다.
그래서 겸손해야 한다. 명성은 스스로 쌓는 것이 아니다. 타인의 시선이 만들어 준 선물이다. 그래서 감사해야 한다. 자만심은 오직 자신만이 만든다. 그래서 가장 위험하다. 겸손하지 않으면 재능은 독이 되고,
감사하지 않으면 명성은 바람처럼 사라진다.
경계하지 않으면 자만은 모든 것을 무너뜨린다.
받은 것을 당연하게 여기지 말고, 얻은 자리를 절대 쉽게 생각하지 마라. 겸손은 재능을 지키고, 경계는 자신을 지킨다.
끝까지 가는 사람은 결코 자신을 풀어놓지 않는다.

"재능이란 신이 주는 것이다. 그렇기에 겸손해라. 명성이란 사람들이 주는 것이다. 그렇기에 감사해라. 자만심은 자신이 스스로 주는 것이다. 그렇기에 조심하라"

— 존 우든

나는 받은 재능에 겸손하고, 주어진 기회에 감사하며, 스스로의 마음엔 언제나 경계심을 놓지 않는다.

DAY 083

진실은 소란스럽지 않다. 그 어떤 해명보다도 시간이 결국 진실을 증명한다. 서두르는 진실은 설득력을 잃고, 편견에 휘둘리는 시선은 진짜를 보지 못한다. 진실은 조용히 기다릴 줄 알고, 그 곁엔 늘 겸손이 함께한다. 드러내려 하지 않아도 시간이 답을 가져다준다.

말보다 태도, 속도보다 방향, 당장의 평가보다 묵묵히 쌓아온 진심이 중요하다. 편견 없이 바라보고 겸손하게 걸어가는 사람은 어떤 오해 속에서도 흔들리지 않는다.

진실은 시간이 가장 아끼는 친구이고, 겸손은 진실이 절대 놓지 않는 동반자다.

"진실의 훌륭한 친구는 시간이고, 진실의 최대의 적은 편견이다. 그리고 진실의 영원한 동반자는 겸손함이다"

– 찰스 케일럽 콜턴

나는 진실을 서두르지 않는다. 시간 앞에서 담담하게, 편견없이 바라보며, 겸손하게 걸어간다.

겸손은 말수가 적지만, 진실은 깊다. 자만은 소란스럽고, 진심은 조용하다. 드러내는 데 집중하는 사람은 자기 안을 들여다보지 못한다.
그러나 돌아볼 줄 아는 사람은 겉보다 속을 먼저 다듬는다.
겸손은 약함이 아니다. 자신을 낮출 줄 아는 사람만이 진짜 자신을 제대로 마주한다. 자만심은 사람을 가볍게 만들고, 겸손함은 사람을 무겁게 만든다. 그 무게가 곧 신뢰고, 그것은 결국 영향력이 된다.
스스로 진실한 사람은 말보다 삶으로 보여준다. 스스로를 감추지 않고, 과장하지도 않는다.
깊은 사람은 조용하다. 겸손한 사람은 끝내, 진실 앞에 당당하다.

"자만심은 우리를 거짓되게 만들지만 겸손함은 우리를 진실하게 만든다"

- 토머스 머튼

나는 드러내기보다 돌아보는 사람이고 싶다. 겸손은 나를 진실하게 하고, 진실은 나를 깊어지게 만든다.

DAY 085

보여주기 위한 삶엔 허기가 있다.

그러나 속이 채워진 삶은 조용해도 단단하다.

많은 것을 보여주려 하지 말자.

더 많이 배우고, 깊게 생각하며 진하게 살아가다보면

말은 줄여지고, 깊이는 더해지리라.

"당신이 아는 것보다 적게 말해라. 그리고 당신이 보여주는 것보다 더 많은 것을 가져라"

- 윌리엄 셰익스피어

나는 덜 말하고, 더 담는다.
겉보다 속이 묵직한 사람이 되고 싶다.

DAY 086

삶은 나를 가르치려 애쓰지 않는다. 그저 매순간, 조용히 질문을 던질 뿐이다. 그 질문은 때로 사람의 말로 오고, 때로는 기다림과 실수, 혹은 우연처럼 다가온다. 정해진 교과서는 없다.

"세상은 학교이고, 그 속에 있는 모든 사람들은 선생님이다. 그렇기에 아침에 일어났을 때 이것 하나만은 기억해라. 당신은 학교에 가는 것이라는 것을"

— T.D.제이크스

오늘도 배운다. 삶의 교실엔 정해진 교과서 대신, 살아 있는 질문들이 있다.

지식은 쌓을수록 넘치지만, 지혜는 오히려 비워야 찾아온다.

겸손을 잃지 않을 때 비로소 지혜를 얻을 수 있다.

높은 곳에 서 있으려 할수록 마음은 더 낮아야 한다는 걸 삶은 조용히 가르쳐 준다.

조용히 배우고, 낮게 걸어가리라.

진정한 지혜는 그런 자리에서 자라난다.

"겸손은 지혜의 진정한 증거이다"

– 마하트마 간디

나는 겸손을 잃지 않을 때, 비로소 지혜를 얻는다는 걸 안다.

DAY 088

세상의 주목을 받지 않아도 괜찮다. 목소리를 높이지 않아도 상관없다.
 크고 깊은 사람은 해야 할 일을 묵묵히 해내고, 그 안에서 진심을 잃지 않는다.
큰소리 없이 책임을 지고, 박수 없이 길을 걸으며, 칭찬 없이도 끝까지 간다.
진정한 위대함은 스스로를 말하지 않는다. 그 존재가 이미 말보다 강하다.

"진정으로 위대한 사람은 자신의 위대함을 알지 못한다"
　　　　　　　　　　　　　　　　　　　　　- 라 로슈푸코

나는 크기를 말하지 않는다. 묵묵히 내 자리에서 할 일을 다하고, 그 안에서 진심을 지켜낸다. 위대함은 그렇게 조용히 자란다.

DAY 089

겸손은 모든 덕의 시작이다. 말보다 먼저 자리 잡고, 태도보다 먼저 마음을 다잡게 한다. 강한 사람일수록 겸손을 삶의 중심에 둔다.
스스로를 낮춘다는 건, 자신을 믿기 때문이다. 흔들림 없이, 과시 없이.
그 안에서 품격이 생기고, 그 바닥에서 인격이 완성된다.
조용하게 다잡는 마음 하나.
그 하나가 인생 전체를 움직이는 힘이 된다.

"겸손은 모든 덕의 근본이다"

– 신부 베르나르

  나는 겸손을 선택한다. 겸손은 조용히 나를 다잡아주고, 내 모든 태도와 말의 출발점이 되어준다.

DAY 090

진심으로 누군가를 이해하고 싶다면, 그 사람의 말을 끝까지 들을 수 있어야 한다.
겸손한 마음은 나의 의견보다 타인의 이야기에 먼저 자리를 내어준다.
경청은 단순한 예의가 아니라 내가 세상을 대하는 태도다.
 귀를 열고, 내 안의 공간을 비운 채 누군가의 이야기를 담아보자. 겸손은 그렇게 조용히 시작되리라.

"겸손한 사람은 다른 사람의 이야기에 귀 기울일 줄 안다"

– 에픽테토스

나는 말하기보다 먼저 듣는다. 겸손한 마음은 상대의 이야기를 끝까지 들을 줄 아는 데서 시작된다.

DAY 091

중심을 안다는 건 무언가를 증명하려 애쓰지 않고, 굳이 나를 낮추려 하지도 않는 것이다. 겸손은 나를 작게 만드는 것이 아니라, 내가 있어야 할 자리에 조용히 머물게 한다. 불필요한 과장은 덜어내고, 조용한 진심으로 자리를 지킨다.

"진정한 겸손은 자신을 낮출 줄 아는 것이 아니라, 자신의 장소를 정확히 아는 것이다"

― C.S.루이스

나는 중심을 안다. 겸손은 나를 작게 만드는 것이 아니라, 나를 제 자리에 머물게 한다.

고개를 숙인다는 건 단순히 낮아지는 것이 아니라, 상대를 향해 마음을 여는 일이다. 진짜 겸손은 자신을 낮추기 위한 연기가 아니라, 진심을 담아 누군가를 높이는 태도다.

"사람은 남에게 머리를 숙일 줄 알아야 한다. 그것이 바로 겸손의 미덕이다"

– 알렉산더 솔제니친

나는 말보다 자세로 존중을 전한다. 고개를 숙인다는 건, 마음을 여는 일이다.

겸손은 약한 자의 피난처가 아니다. 그건 강한 사람만이 선택할 수 있는 자세다.

거만은 약함을 감추려는 무기다. 겸손은 강함을 지키는 방패다.

겸손은 자신을 숨기는 것이 아니라 자신을 더 정확히 아는 힘이다.

어디까지 나아갈 수 있는지, 어디에서 멈춰야 하는지 아는 사람만이 겸손을 품을 수 있다.

목소리를 높이지 않아도 존중받는 사람이 있다. 자신을 내세우지 않아도 신뢰를 쌓는 사람이 있다. 겸손은 가장 조용한 방식으로 강한 인상을 남긴다.

"겸손은 크나큰 힘이다. 거만은 약함의 징표이다"
- 성 아우구스티누스

　나는 나를 과장하지 않는다.
　겸손은 나를 숨기는 것이 아니라, 나를 더 정확히 아는 것이다.

DAY 094

겸손한 마음에는 기회가 깃들고, 그 사람에게는 누구든 마음을 연다.

자신을 다스릴 수 있는 사람만이 인생을 다스릴 수 있다.

조용한 절제 속에 진짜 힘이 있다.

말 한마디, 눈빛 하나에도 자신의 중심을 잃지 않는 사람.

그런 사람은 결국 세상 앞에서도 무너지지 않는다.

품격은 선택이다.

그리고 그 선택은, 모든 문을 결정짓는다.

"겸양은 천국의 문을 열고 굴욕은 지옥의 문을 연다"

– 파스칼

나는 순간의 감정에 굴복하지 않는다. 겸손은 나를 품격있게 하고, 굴욕은 나를 무너지게 한다.

DAY 094

높이 올라가려 애쓰는 이들이 있다. 그러나 진짜 위는, 스스로를 낮출 줄 아는 사람에게 주어진다. 앞에 서는 것보다 뒤에서 받쳐주는 사람이 더 귀하다. 말로 이끄는 리더보다 태도로 이끄는 사람이 더 깊다.

겸손은 소리치지 않는다. 그저 자리를 지키고, 사람을 세우고, 자신보다 더 큰 것을 위로 올린다. 자기를 드러내지 않으면서도 그 자리에 없으면 모두가 흔들리는 사람, 그런 사람이 진짜 리더다.

겸손은 무력함이 아니다. 겸손은 중심을 잡는 힘이다.
그리고 그 힘은, 시간이 갈수록 더 많은 사람들을 안쪽으로 끌어당긴다.
리더십은 말이 아니라 자세에서 나온다.

말 없는 겸손이, 가장 깊은 리더십이다.

"무릇 자기를 높이는 자는 낮아지고 자기를 낮추는 자는 높아지리라"

- 성경

나는 앞서기보다 받쳐줄 줄 아는 사람이 되고 싶다. 겸손은 말없이 이끄는 가장 깊은 리더십이다.

DAY 096

진정한 성장은, 불편한 현실보다 인정하고 싶지 않은 내 마음을 먼저 직면하는 데서 시작된다. 세상은 뜻대로 흘러가지 않는다. 하지만 나 자신을 어떻게 다잡고 이끌어갈지는 오롯이 내가 선택할 수 있다.

외부에 책임을 돌리는 건 쉽다. 하지만 내 안에서 이유를 찾는 사람만이 변화를 만든다. 그리고 끝내는 남과 다른 결과에 도달한다.

강한 사람은 핑곗거리를 만들지 않는다.

그들은 언제나, 자기 안에서 길을 찾는다.

"군자는 자신에게서 구하고, 소인은 남에게서 구한다"
                                                    - 논어

나는 내 안에서 이유를 찾는다. 환경을 탓하는 순간, 성장은 멈춘다.

DAY 097

무엇이 옳은지, 어디를 향해 가야 하는지 스스로에게 먼저 물어본다.
성실은 단지 열심히 하는 게 아니다. 그저 반복하는 것도 아니다.
성실이 진짜 힘을 가지려면 그 안에 중심이 있어야 한다. 흔들리지 않는 기준, 스스로 지켜내는 태도, 바로 그것이다.

"자신을 성실하게 하는 데에는 길이 있다. 선(善)을 똑똑히 모르면 자신에게 성실해질 수가 없다"

- 중용

나는 마음속 기준을 흐리지 않는다. 성실은 방향 없는 반복이 아니라, 중심 있는 태도다.

DAY 098

지혜는 빠르게 사람을 끌어올릴 수 있다. 하지만 덕이 없다면, 그 높이는 오래가지 못한다. 지식은 배울 수 있다. 그러나 품격은 살아내야 한다.

무엇을 아는가보다 어떻게 사는가가 중요하다. 얼마나 높은 자리에 올랐는가보다 그 자리를 어떻게 지켰는가가 중요하다.

덕이 없는 지혜는 오히려 위험하다. 말은 유창하지만 신뢰는 없고, 결정은 빠르지만 배려가 없다면 그 지혜는 결국 무너진다.

사람을 오래가게 하는 건 머리가 아니라 인격이다. 오래 지켜보면 결국 드러난다. 누가 위로 향하는 사람인지, 누가 아래로 무너지는 사람인지.

높은 곳보다 깊은 뿌리가 먼저다.

지혜는 속도를 만들고, 덕은 지속을 만든다.

"지혜가 넘치더라도 덕이 없다면 (권력을)얻어도 반드시 잃을 것이다"

- 논어

나는 얼마나 아는가보다 어떻게 살아가는가를 먼저 돌아본다.
지혜보다 덕이 나를 오래 가게 한다.

DAY 099

옳다고 믿는 길이라면 걸어야 한다. 누가 뭐라 하든, 얼마나 외로워지든 그 중심이 흐려져서는 안 된다.

침묵은 약함이 아니다. 침묵 속에서도 굳건한 신념이 있다면 그 사람은 결코 흔들리지 않는다.

내면에 선명한 방향이 있다면 길은 반드시 열린다. 눈치를 보지 않고 시선을 좇지 않으며 스스로를 배반하지 않는 사람. 그 사람이 결국 끝까지 간다. 그 길이 멀어도, 낯설어도 흔들리지 않는 중심이 있다면 그 걸음은 절대 헛되지 않는다.

확신은 말보다 태도에 있다.

진짜 중심은, 침묵 속에서 더 또렷해진다.

"자신이 옳다고 생각할 땐 자신의 길로 걸어가라"

— 맹자

나는 내가 옳다고 믿는 길을 걷는다. 침묵 속에서도 중심은 흐려지지 않는다.

DAY 100

위대한 사람은 자신이 위대하다는 말을 하지 않는다.
조용히 쌓아온 시간, 묵묵히 살아낸 태도, 그 자체로 이미 충분하다.
겉으로 드러내려 애쓰지 않아도 삶이 먼저 말한다.
말보다 크고, 표정보다 깊이 살아온 이력 자체가 무게다.
진정한 영향력은 소리 없는 자리에 머문다. 빛나기보단 받쳐주고,
앞서기보단 지탱하며, 과시하지 않고도 존중받는다.
자기를 낮출 줄 아는 사람만이 더 큰 자리를 감당할 수 있다.
겸손은 말 없는 리더십이고, 그 삶은 결국 반드시 빛을 낸다.
말이 아닌 존재로 증명하는 사람, 그 사람이 끝내 위대해진다.

"자신을 스스로 크다고 생각하지 않기 때문에 참으로 위대함을 이룬다"

― 노자

나는 말하지 않아도 된다. 겸손하게 살아온 삶은, 결국 그 자체로 말이 된다.

고전이 선물한 단단한 나

차분히 한 글자, 한 문장씩 써 내려가며 당신은 어떤 감정을 느끼셨나요? 처음에는 익숙하지 않았을 수도 있지만, 손끝으로 흘러간 시간 속에서 작은 변화가 있었을지도 모릅니다.

매일 한 문장씩 고전을 필사하는 조용한 습관은 어느새 당신의 마음속에 잔잔한 파동을 일으키고, 삶을 깊이 있게 바라보는 시선을 선사했을 것입니다.

오래전 누군가의 마음에서 피어났던 고전의 문장들은 오늘 당신을 통해 다시 살아났습니다. 그 글자들은 기록 이상이며, 당신이 지나온 생각과 감정이 새겨진 고스란한 흔적입니다. 필사를 하며 지나온 100일, 혹은 그보다 짧거나 긴 시간 동안 당신은 글자와 함께 숨 쉬었고, 마음을 담아 적어 내려갔습니다. 글을 따라가다 보면 어느 순간, 그 문장이 당신에게 말을 걸어왔을것입니다. "괜찮아, 충분히 잘하고 있어."

현자들의 지혜를 통해 세상과 호흡하고, 타인의 마음을 더 깊이 들여다보게 하는 여정이었기를 바랍니다. '꿈', '용기', '사랑', '나눔', '겸손'이라는 다섯 가지 키워드를 새기며, 고전은 당신의 내면을 더욱 단단하고 아름답게 가꾸어 주었을 것입니다.

　이제 이 책장을 덮더라도 손끝으로 새긴 문장들은 사라지지 않을 것입니다.
　그것은 당신의 마음속에서 또 다른 이야기로 이어지고, 언젠가 새로운 형태로 피어나게 될 것입니다. 매일 고전과 함께 한 당신의 발자취는 스스로를 다듬고 성장시킨 귀한 자산이 되어, 앞으로 펼쳐질 삶 속에서 더욱 빛나는 당신의 모습을 만들어 갈 것입니다.

　이 조용한 여정을 함께 해 주셔서 감사합니다. 당신의 손끝에서 시작된 사랑과 깨달음이 삶속에 부드럽게 스며들어, 오늘보다 더 풍요롭고 의미 있는 당신의 이야기를 만들어 가기를 바랍니다.
　언제든 다시 글을 써 내려가고 싶은 날, 이곳에서 또 만나기를…